AF205547

Impressum
Verlag: BABADADA GmbH, Nedderfeld 112 , 22529 Hamburg
Geschäftsführer / Verlagsleitung: Harald Hof
Druck: Books on Demand GmbH, In de Tarpen 42, 22848 Norderstedt

Imprint
Publisher: BABADADA GmbH, Nedderfeld 112 , 22529 Hamburg, Germany
Managing Director / Publishing direction: Harald Hof
Print: Books on Demand GmbH, In de Tarpen 42, 22848 Norderstedt

école
школа

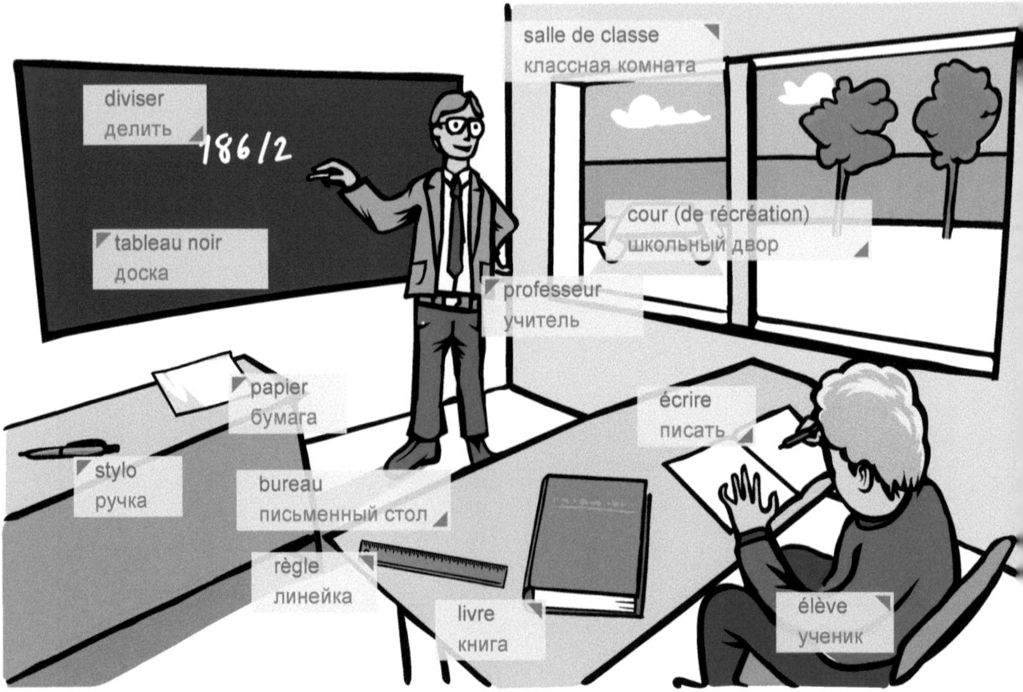
salle de classe
классная комната
diviser
делить
186/2
tableau noir
доска
cour (de récréation)
школьный двор
professeur
учитель
papier
бумага
écrire
писать
stylo
ручка
bureau
письменный стол
règle
линейка
livre
книга
élève
ученик

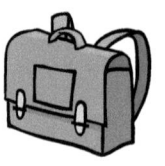

cartable
ранец

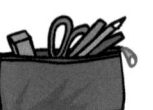

trousse
пенал

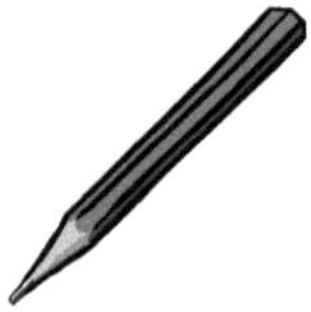

crayon
карандаш

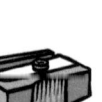

taille-crayon
точилка

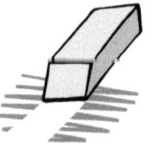

gomme
ластик

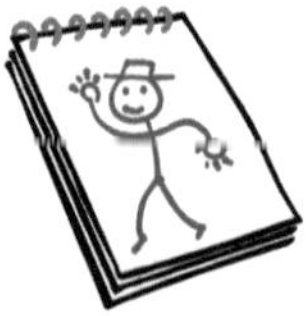

carnet à dessin
альбом для рисования

dessin

рисунок

pinceau

кисточка

boîte de peinture

коробка красок

ciseaux

ножницы

colle

клей

cahier d'exercices

тетрадь

devoirs

домашняя работа

chiffre

цифра

additionner

прибавлять

soustraire

вычитать

multiplier

умножать

calculer

считать

lettre

буква

alphabet

алфавит

mot

слово

texte

текст

lire

читать

craie

мел

leçon

урок

livre de classe

классный журнал

examen

экзамен

certificat

диплом

uniforme scolaire

школьная форма

formation

образование

lexique

энциклопедия

université

университет

microscope

микроскоп

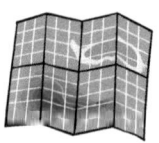

carte

карта

corbeille à papier

корзина для бумаг

hôtel
гостиница

Grand

auberge
турбаза

ROOMS

bureau de change
пункт обмена валюты

EXCHANGE

valise
чемодан

voiture
автомобиль

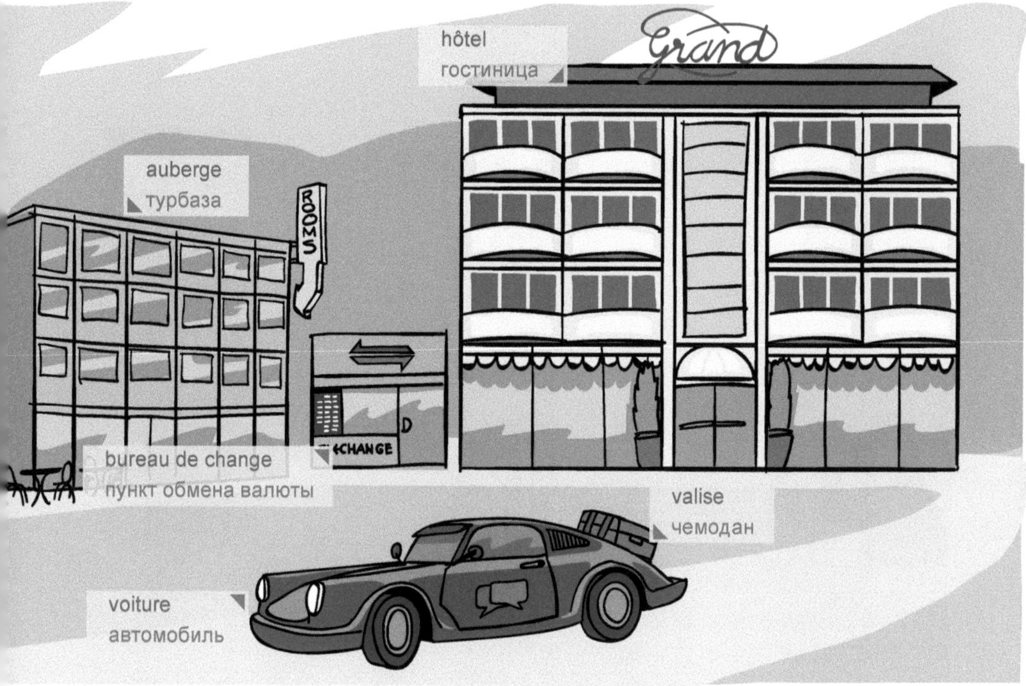

langue

язык

oui / non

да / нет

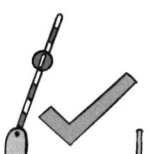

d'accord

хорошо

Salut

Привет

interprète

переводчик

merci

Спасибо

Combien coûte...?

Сколько стоит...?

Je ne comprends pas

Я не понимаю

problème

проблема

Bonsoir !

Добрый вечер!

Bonjour !

Доброе утро!

Bonne nuit !

Доброй ночи!

Au revoir

До свидания

direction

направление

bagages

багаж

sac

сумка

sac-à-dos

рюкзак

hôte

гость

pièce

комната

sac de couchage

спальный мешок

tente

палатка

voyage - путешествие

office de tourisme

туристическая информация

plage

пляж

carte de crédit

кредитная карточка

petit-déjeuner

завтрак

déjeuner

обед

dîner

ужин

billet

билет

ascenseur

лифт

timbre

почтовая марка

frontière

граница

douane

таможня

ambassade

посольство

visa

виза

passeport

паспорт

voyage - путешествие

transport

транспорт

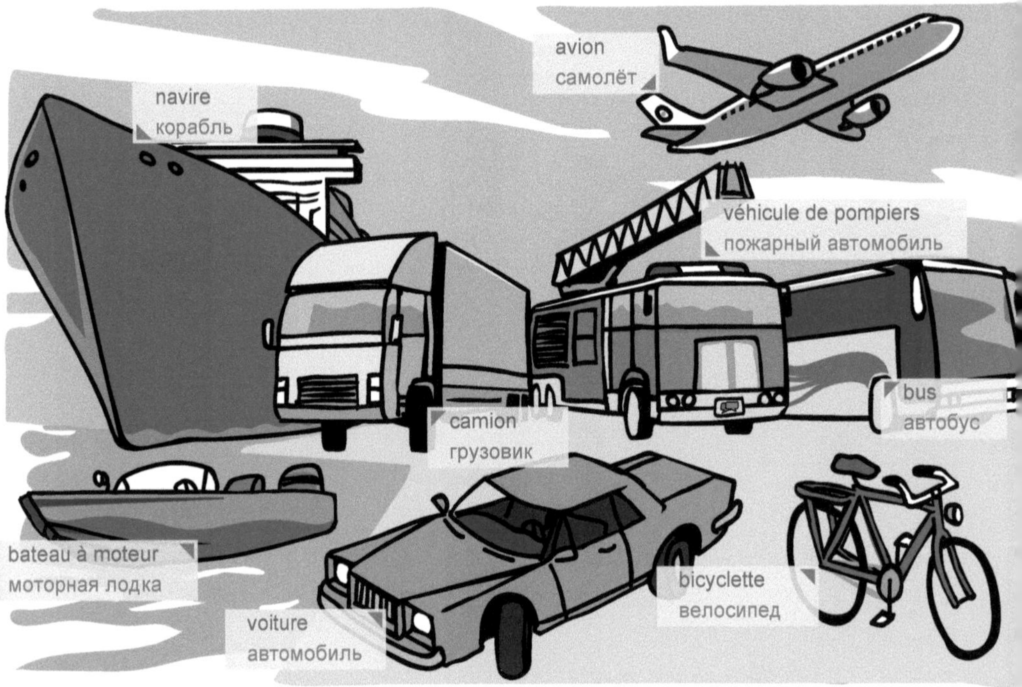

avion
самолёт

navire
корабль

véhicule de pompiers
пожарный автомобиль

bus
автобус

camion
грузовик

bateau à moteur
моторная лодка

voiture
автомобиль

bicyclette
велосипед

ferry

паром

barque

лодка

moto

мотоцикл

voiture de police

полицейский автомобиль

voiture de course

гоночный автомобиль

voiture de location

арендованный
автомобиль

auto-partage

совместное пользование
автомобилями

voiture de remorquage

буксировочный
автомобиль

benne à ordures

мусоровоз

moteur

двигатель

essence

топливо

station d'essence

заправка

panneau indicateur

дорожный знак

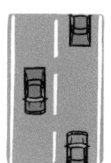

trafic

движение

embouteillage

пробка

parking

автостоянка

gare

вокзал

rails

рельсы

train

поезд

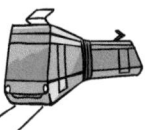

tramway

трамвай

wagon

вагон

hélicoptère

вертолёт

aéroport

аэропорт

tour

вышка

passager

пассажир

conteneur

контейнер

carton

коробка

chariot

тележка

corbeille

корзина

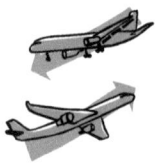

décoller / atterrir

взлетать / приземляться

ville

город

village

деревня

centre-ville

центр города

maison

дом

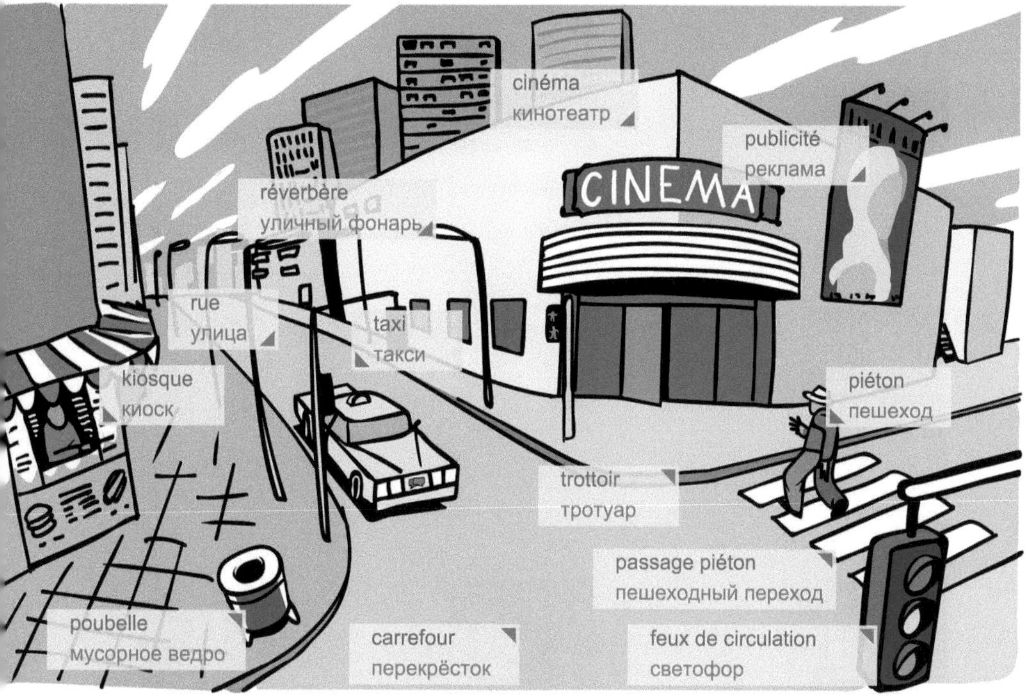

cinéma
кинотеатр

publicité
реклама

réverbère
уличный фонарь

CINEMA

rue
улица

taxi
такси

kiosque
киоск

piéton
пешеход

trottoir
тротуар

passage piéton
пешеходный переход

poubelle
мусорное ведро

carrefour
перекрёсток

feux de circulation
светофор

cabane

хижина

appartement

квартира

gare

вокзал

mairie

ратуша

musée

музей

école

школа

université

университет

banque

банк

hôpital

больница

hôtel

гостиница

pharmacie

аптека

bureau

офис

librairie

книжный магазин

magasin

магазин

fleuriste

цветочный магазин

supermarché

супермаркет

marché

рынок

grand magasin

универмаг

poissonnerie

торговец рыбой

centre commercial

торговый центр

port

порт

parc

парк

banque

скамейка

pont

мост

escaliers

лестница

métro

метро

tunnel

тоннель

arrêt de bus

автобусная остановка

bar

бар

restaurant

ресторан

boîte à lettres

почтовый ящик

panneau indicateur

табличка с названием
улицы

parcmètre

паркометр

zoo

зоопарк

piscine

бассейн

mosquée

мечеть

ferme

ферма

pollution

загрязнение окружающей
среды

cimetière

кладбище

église

церковь

aire de jeux

детская площадка

temple

храм

paysage

ландшафт

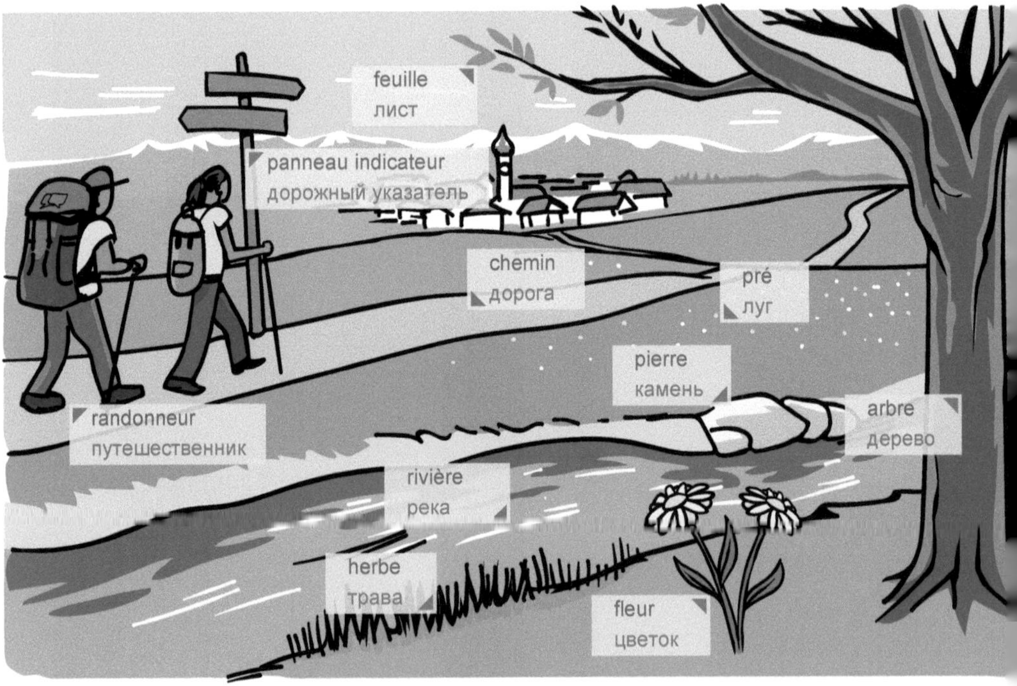

feuille
лист

panneau indicateur
дорожный указатель

chemin
дорога

pré
луг

pierre
камень

randonneur
путешественник

arbre
дерево

rivière
река

herbe
трава

fleur
цветок

vallée

долина

montagne

гора

lac

озеро

forêt

лес

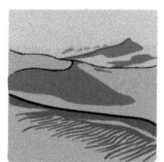

désert

пустыня

volcan

вулкан

château

замок

arc-en-ciel

радуга

champignon

гриб

palmier

пальма

moustique

комар

mouche

муха

fourmis

муравей

abeille

пчела

araignée

паук

coléoptère

жук

grenouille

лягушка

écureuil

белка

hérisson

еж

lièvre

заяц

chouette

сова

oiseau

птица

cygne

лебедь

sanglier

кабан

cerf

олень

élan

лось

barrage

плотина

éolienne

ветряной генератор

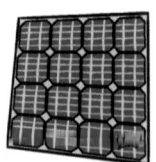

panneau solaire

солнечная батарея

climat

климат

serveur
официант

menu
меню

chaise
стул

soupe
суп

pizza
пицца

couverts
столовые приборы

nappe
скатерть

hors d'œuvre

закуска

plat principal

главное блюдо

dessert

десерт

boissons

напитки

alimentation

еда

bouteille

бутылка

fast-food

фастфуд

plats à emporter

уличная еда

théière

чайник

sucrier

сахарница

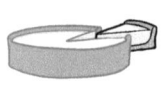

portion

порция

machine à expresso

кофеварка

chaise haute

детский стульчик

facture

счет

plateau

поднос

couteau

нож

fourchette

вилка

cuillère

ложка

cuillère à thé

чайная ложка

serviette

салфетка

verre

стакан

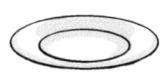

assiette

тарелка

assiette à soupe

суповая тарелка

soucoupe

блюдце

sauce

соус

salière

солонка

moulin à poivre

мельница для перца

vinaigre

уксус

huile

масло

épices

специи

ketchup

кетчуп

moutarde

горчица

mayonnaise

майонез

supermarché
супермаркет

offre promotionnelle
специальное предложение
FOR
client
покупатель
produits laitiers
молочные продукты
fruits
фрукты
chariot
тележка для покупок

BUTCHERS

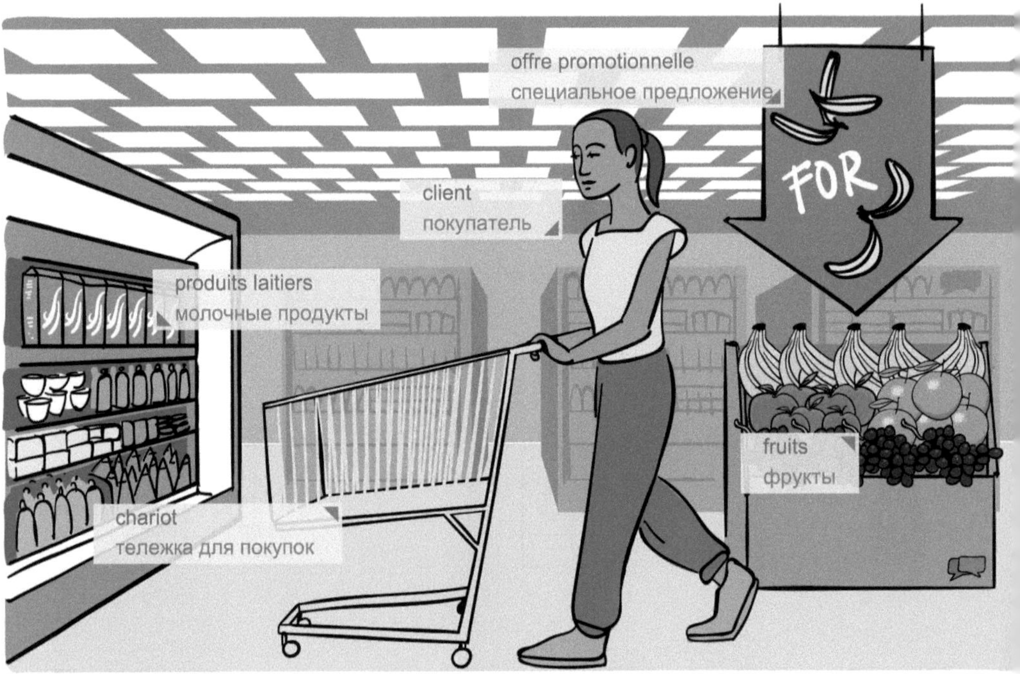

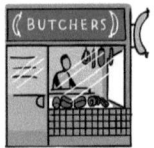

boucherie

мясной магазин

BAKERY

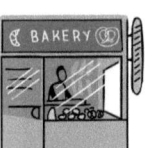

boulangerie

пекарня

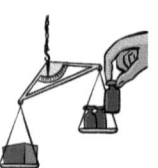

peser

взвешивать

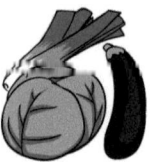

légumes

овощи

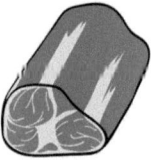

viande

мясо

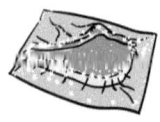

aliments surgelés

быстрозамороженные продукты

charcuterie

нарезка

conserves

консервы

poudre à lessive

стиральный порошок

bonbons

сладости

articles ménagers

предмет домашнего
обихода

détergents

моющее средство

vendeuse

продавщица

caisse

касса

caissier

кассир

liste d'achats

список покупок

heures d'ouverture

время работы

portefeuille

бумажник

carte de crédit

кредитная карточка

sac

сумка

sac en plastique

полиэтиленовый пакет

eau

вода

jus de fruit

сок

lait

молоко

coca

кока-кола

vin

вино

bière

пиво

alcool

алкоголь

chocolat chaud

какао

thé

чай

café

кофе

expresso

эспрессо

cappuccino

капучино

banane

банан

pomme

яблоко

orange

апельсин

melon

арбуз

citron

лимон

carotte

морковь

ail

чеснок

bambou

бамбук

oignon

лук

champignon

гриб

noisettes

орехи

pâtes

лапша

spaghetti

спагетти

riz

рис

salade

салат

pommes frites

картофель фри

pommes de terre rôties

жареный картофель

pizza

пицца

hamburger

гамбургер

sandwich

сэндвич

escalope

шницель

jambon

ветчина

salami

салями

saucisse

колбаса

poulet

курица

rôti

жаркое

poisson

рыба

alimentation - еда

flocons d'avoine

овсяные хлопья

muesli

мюсли

cornflakes

кукурузные хлопья

farine

мука

croissant

круассан

petits-pains

булочка

pain

хлеб

pain grillé

тост

biscuits

печенье

beurre

масло

le fromage blanc

творог

gâteau

пирог

œuf

яйцо

œuf au plat

яичница

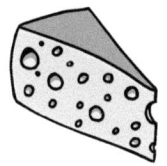

fromage

сыр

glace

мороженое

sucre

сахар

miel

мёд

confiture

мармелад

crème nougat

крем с нугой

curry

карри

ferme
ферма

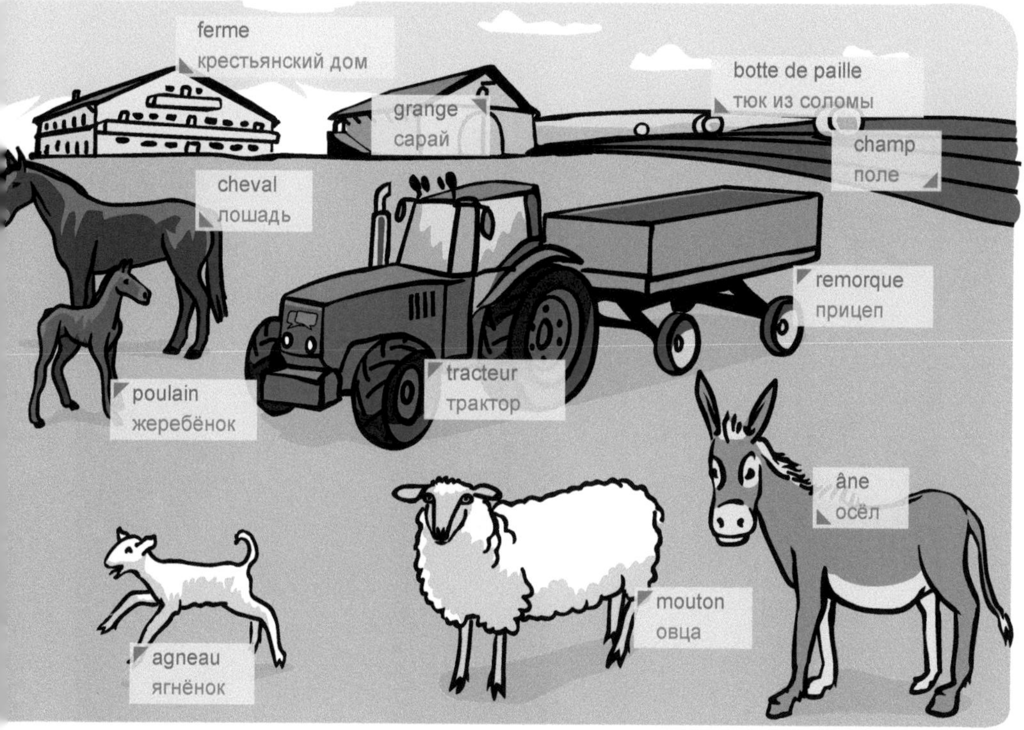
ferme
крестьянский дом
grange
сарай
botte de paille
тюк из соломы
champ
поле
cheval
лошадь
remorque
прицеп
poulain
жеребёнок
tracteur
трактор
âne
осёл
mouton
овца
agneau
ягнёнок

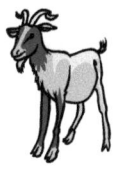

chèvre

коза

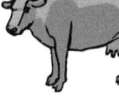

vache

корова

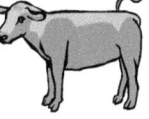

veau

телёнок

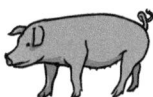

porc

свинья

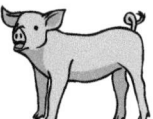

porcelet

поросёнок

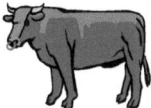

taureau

бык

oie

гусь

canard

утка

poussin

цыплёнок

poule

курица

coq

петух

rat

крыса

chat

кошка

souris

мышь

bœuf

вол

chien

собака

chenil

конура

tuyau de jardin

садовый шланг

arrosoir

лейка

faucheuse

коса

charrue

плуг

ferme - ферма

faucille

серп

pioche

мотыга

fourche

навозные вилы

hache

топор

brouette

тачка

cuve

корыто

pot à lait

бидон для молока

sac

мешок

clôture

забор

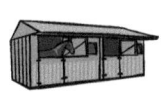

étable

хлев

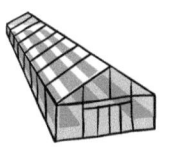

serre

теплица

sol

почва

semences

посев

engrais

удобрение

moissonneuse-batteuse

комбайн

récolter

собирать урожай

récolte

урожай

igname

ямс

blé

пшеница

soja

соя

pomme de terre

картофель

maïs

кукуруза

colza

рапс

arbre fruitier

фруктовое дерево

manioc

маниок

céréales

злаки

maison

дом

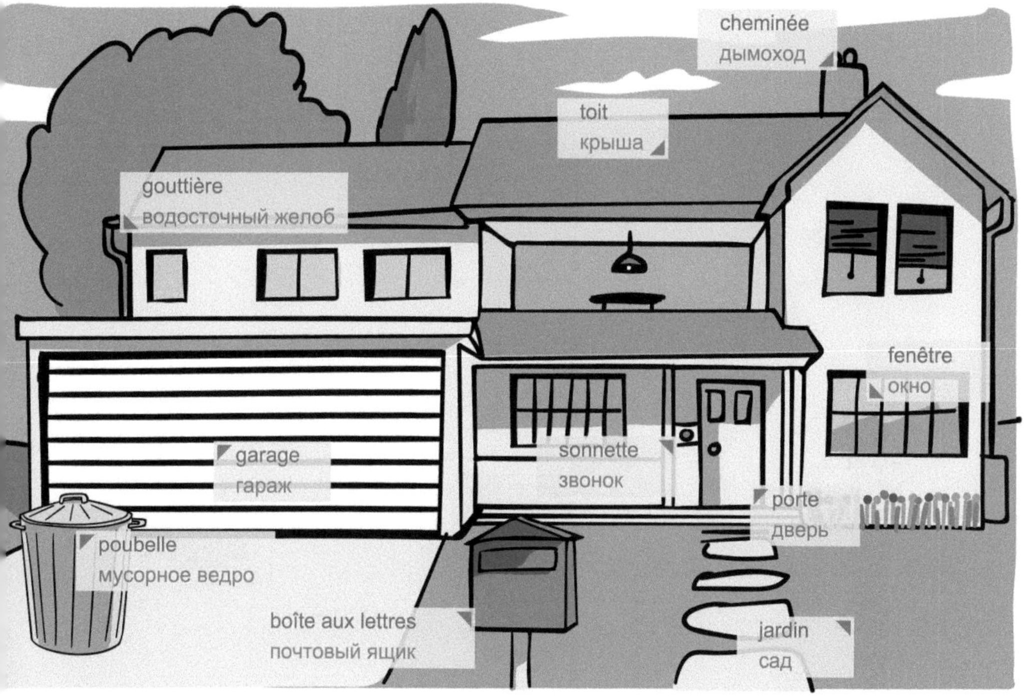
cheminée
дымоход
toit
крыша
gouttière
водосточный желоб
fenêtre
окно
garage
гараж
sonnette
звонок
porte
дверь
poubelle
мусорное ведро
boîte aux lettres
почтовый ящик
jardin
сад

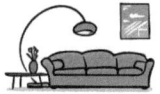

salon

гостиная

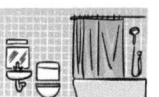

salle de bain

ванная комната

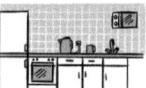

cuisine

кухня

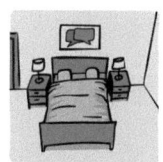

chambre à coucher

спальня

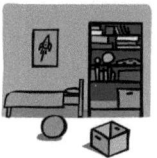

chambre d'enfant

детская комната

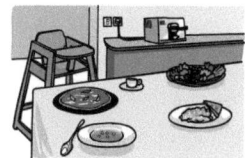

salle à manger

столовая

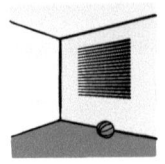

sol

пол

mur

стена

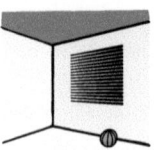

plafond

потолок

cave

подвал

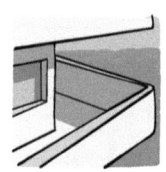

sauna

сауна

balcon

балкон

terrasse

терраса

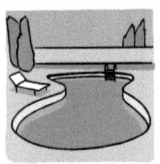

piscine

бассейн

tondeuse à gazon

газонокосилка

housse

пододеяльник

couette

покрывало

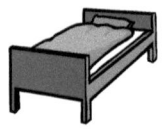

lit

кровать

balai

метла

sceau

ведро

interrupteur

выключатель

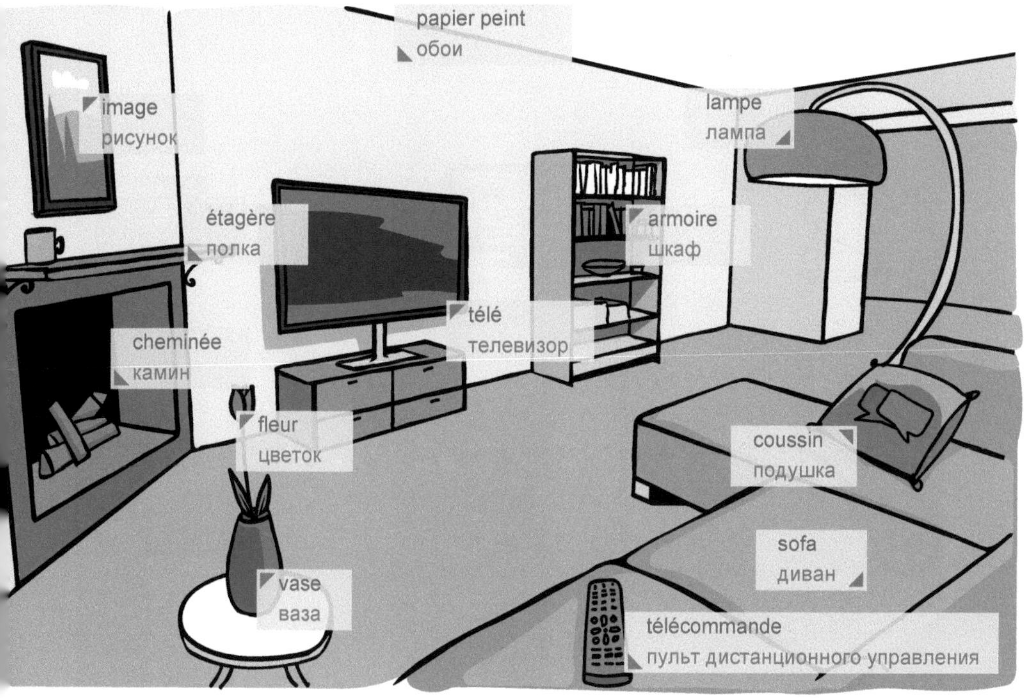

papier peint
обои

image
рисунок

lampe
лампа

étagère
полка

armoire
шкаф

télé
телевизор

cheminée
камин

fleur
цветок

coussin
подушка

sofa
диван

vase
ваза

télécommande
пульт дистанционного управления

tapis

ковёр

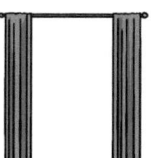

rideau

штора

table

стол

chaise

стул

chaise à bascule

кресло-качалка

fauteuil

кресло

livre

книга

couverture

покрывало

décoration

украшение

bois de chauffage

дрова

film

фильм

chaîne hi-fi

стереосистема

clé

ключ

journal

газета

peinture

картина

poster

плакат

radio

радио

bloc-notes

блокнот

aspirateur

пылесос

cactus

кактус

bougie

свеча

cuisine
кухня

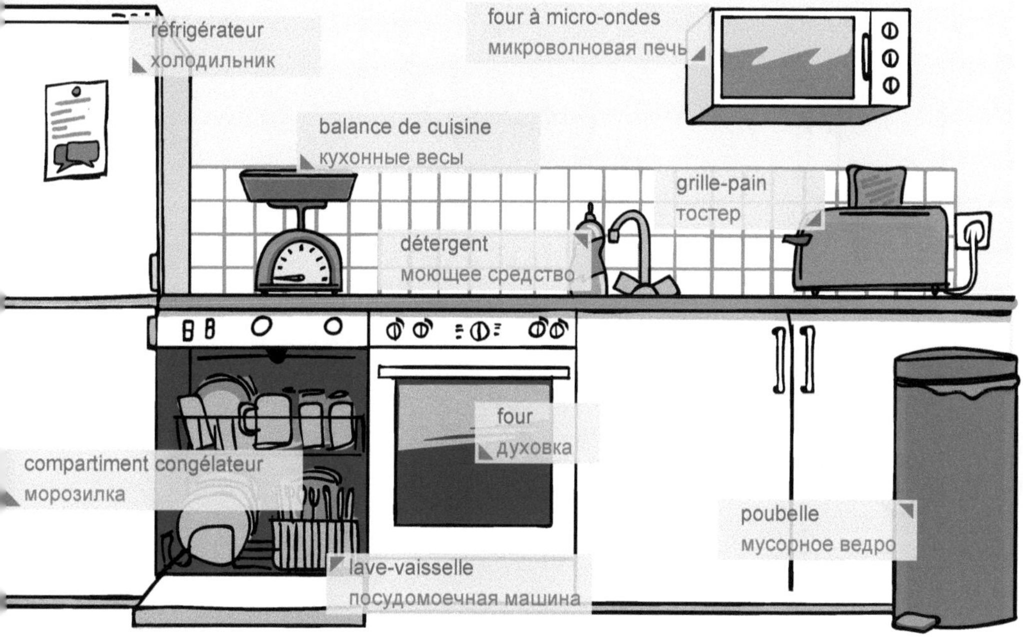
réfrigérateur
холодильник
four à micro-ondes
микроволновая печь
balance de cuisine
кухонные весы
grille-pain
тостер
détergent
моющее средство
four
духовка
compartiment congélateur
морозилка
poubelle
мусорное ведро
lave-vaisselle
посудомоечная машина

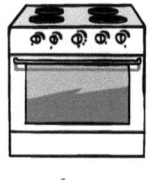

four

плита

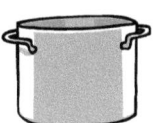

casserole

кастрюля

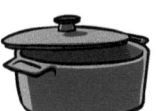

marmite

чугунный котелок

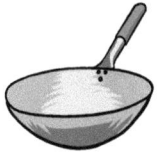

wok / kadai

вок / кадай

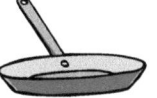

poêle

сковорода

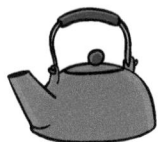

bouilloire electrique

чайник

cuiseur vapeur

пароварка

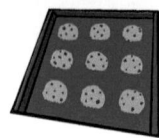

plaque de cuisson

противень

vaisselle

посуда

gobelet

кружка

coupe

миска

baguettes

палочки для еды

louche

половник

spatule

лопатка

fouet

сбивалка

passoire

сито

tamis

сито

râpe

тёрка

mortier

ступка

barbecue

гриль

cheminée

костёр

planche à découper

доска

rouleau à pâtisserie

скалка

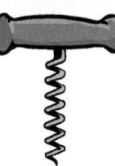

tire-bouchon

штопор

boîte

жестяная банка

ouvre-boîte

консервный нож

maniques

прихватка

lavabo

раковина

brosse

щетка

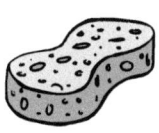

éponge

губка

mixeur

миксер

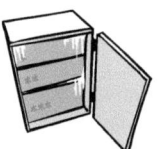

congélateur

морозильная камера

biberon

бутылочка для кормления

robinet

кран

salle de bain

ванная комната

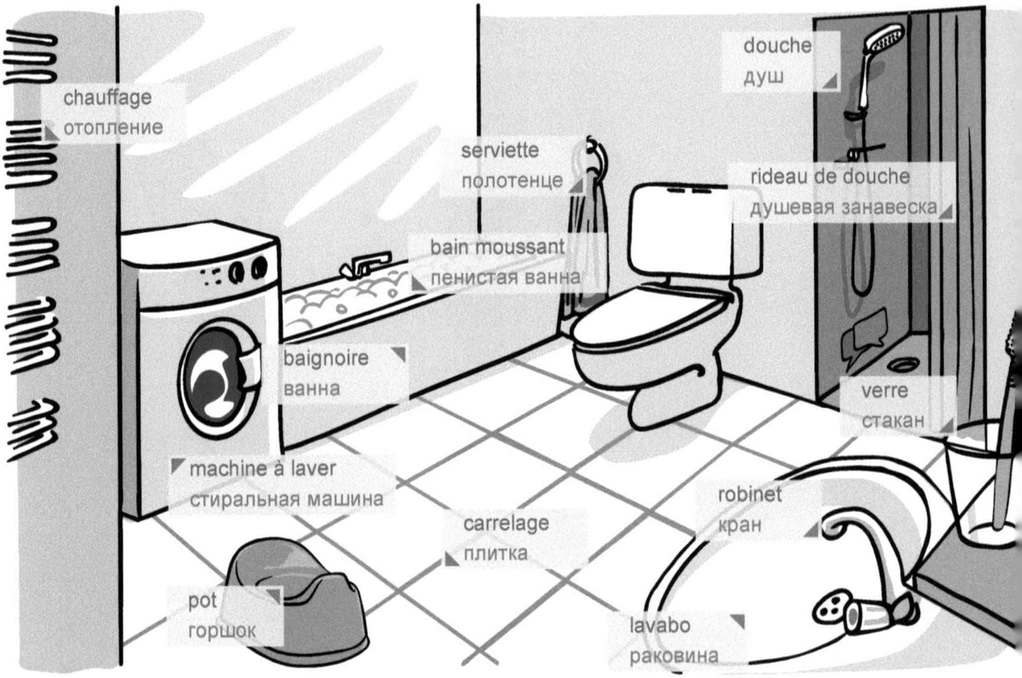

chauffage
отопление
douche
душ
serviette
полотенце
rideau de douche
душевая занавеска
bain moussant
пенистая ванна
baignoire
ванна
verre
стакан
machine à laver
стиральная машина
robinet
кран
carrelage
плитка
pot
горшок
lavabo
раковина

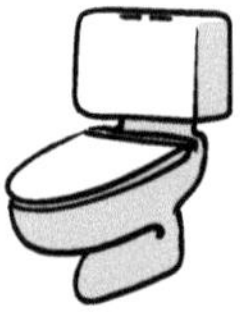

toilettes

туалет

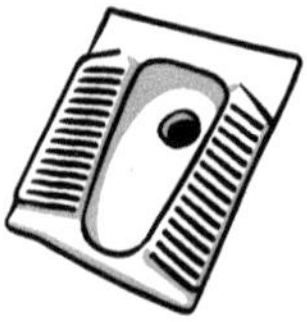

toilette à la turque

напольный унитаз

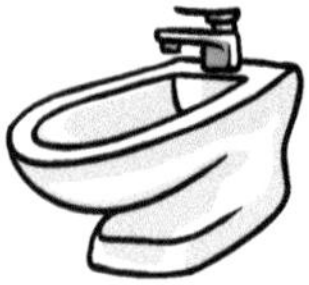

bidet

биде

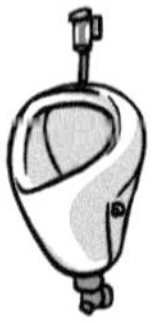

urinoir

писсуар

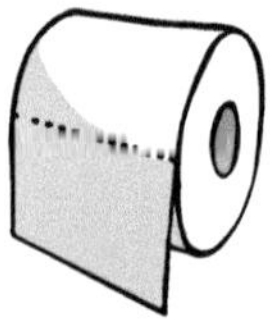

papier toilette

туалетная бумага

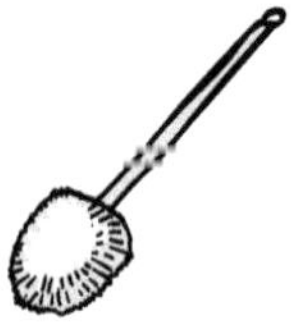

brosse à toilette

ершик

brosse à dents

зубная щетка

dentifrice

зубная паста

fil dentaire

зубная нить

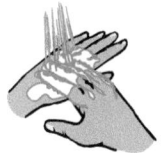

laver

мыть

douche manuelle

ручной душ

douche intime

интимный душ

vasque

таз

brosse dorsale

щетка для спины

savon

мыло

gel douche

гель для душа

shampooing

шампунь

gant de toilette

мочалка

écoulement

сток

crème

крем

déodorant

дезодорант

miroir

зеркало

miroir cosmétique

ручное зеркало

rasoir

бритва

mousse à raser

пена для бритья

après-rasage

лосьон после бритья

peigne

расческа

brosse

щетка

sèche-cheveux

фен

laque pour cheveux

лак для волос

fond de teint

косметика

rouge à lèvres

губная помада

vernis à ongles

лак для ногтей

ouate

вата

coupe-ongles

маникюрные ножницы

parfum

духи

trousse de toilette

косметичка

tabouret

табуретка

pèse-personne

весы

peignoir

халат

gants de nettoyage

резиновые перчатки

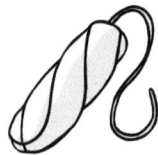

tampon

тампон

serviettes hygiéniques

игиеническая прокладка

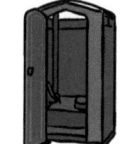

toilette chimique

биотуалет

chambre d'enfant

детская комната

réveil
будильник
doudou
мягкая игрушка
voiture jouet
игрушечный автомобиль
hochet
погремушка
maison de poupée
кукольный домик
cadeau
подарок

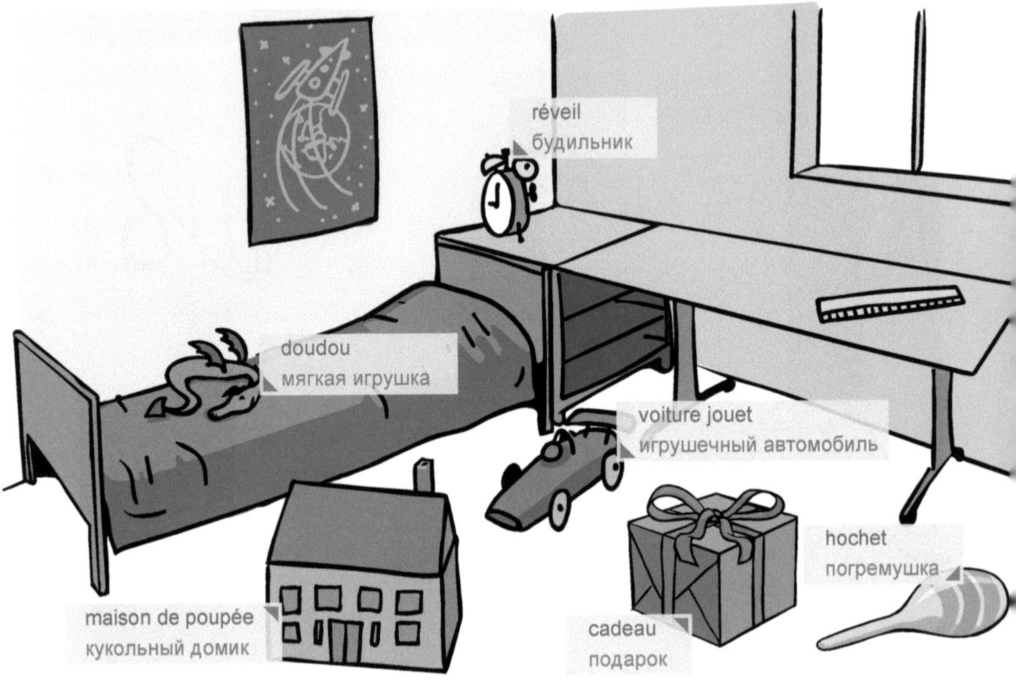

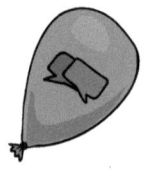

ballon

воздушный шар

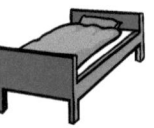

lit

кровать

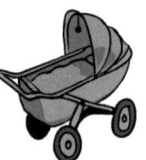

poussette

детская коляска

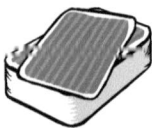

jeu de cartes

карточная игра

puzzle

пазл

SUPER
MEGA

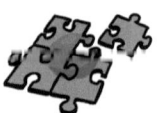

bande dessinée

комикс

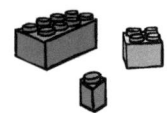

pièces lego

кирпичики Лего

blocs de construction

кубики

figurine

игрушечная фигурка

grenouillère

ползунки

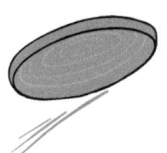

frisbee

фрисби

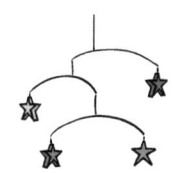

mobile

мобиле

jeu de société

настольная игра

dé

кубик

train miniature

модель железной дороги

sucette

соска

fête

вечеринка

livre d'images

книга с картинками

balle

мяч

poupée

кукла

jouer

играть

bac à sable

песочница

balançoire

качели

jouets

игрушка

console de jeu

игровая приставка

tricycle

трёхколесный велосипед

ours en peluche

плюшевый медвежонок

armoire

шкаф для одежды

vêtements

одежда

chaussettes

носки

bas

чулки

collant

колготки

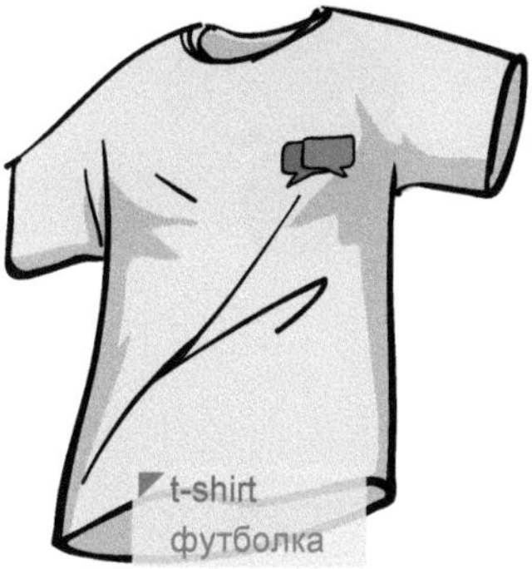

écharpe
шарф

ceinture
ремень

parapluie
зонтик

t-shirt
футболка

baskets
кроссовки

bottes
сапоги

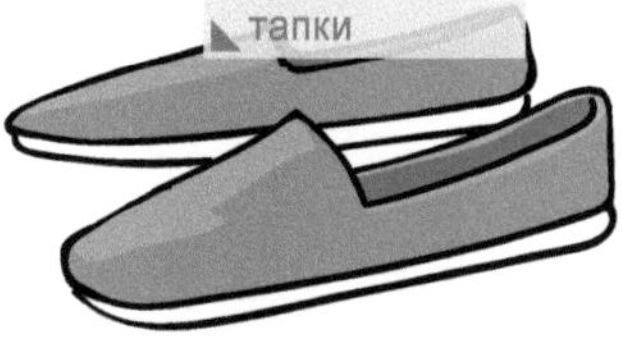

pantoufles
тапки

sandales

сандалии

chaussures

ботинки

bottes de caoutchouc

резиновые сапоги

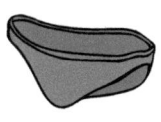

sous-vêtements

трусы

soutien-gorge

бюстгальтер

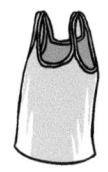

maillot de corps

майка

vêtements - одежда

body
боди

pantalon
брюки

jean
джинсы

jupe
юбка

chemisier
блузка

chemise
рубашка

pull
свитер

sweat à capuche
свитер

veste
спортивная куртка

veste
жакет

manteau
пальто

imperméable
плащ

costume
костюм

robe
платье

robe de mariée
свадебное платье

costume

мужской костюм

chemise de nuit

ночная сорочка

pyjama

пижама

sari

сари

foulard

платок

turban

тюрбан

burqa

паранджа

caftan

кафтан

abaya

абайя

maillot de bain

купальник

maillot de bain

плавки

short

шорты

tenue d'entraînement

спортивный костюм

tablier

фартук

gants

перчатки

bouton

пуговица

lunettes

очки

bracelet

браслет

collier

цепочка

bague

кольцо

boucle d'oreille

серьга

bonnet

шапка

cintre

вешалка

chapeau

шляпа

cravate

галстук

fermeture éclair

застежка молния

casque

шлем

bretelles

подтяжки

uniforme scolaire

школьная форма

uniforme

форма

bavoir

детский нагрудник

sucette

соска

lange

подгузник

bureau
офис

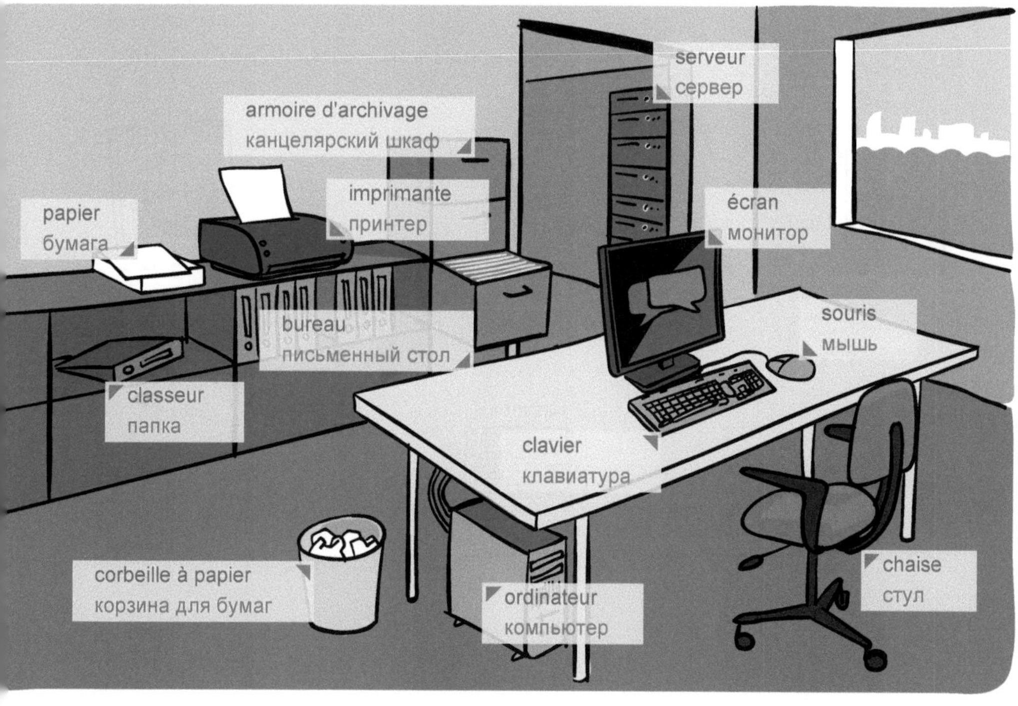

armoire d'archivage
канцелярский шкаф

serveur
сервер

imprimante
принтер

papier
бумага

écran
монитор

bureau
письменный стол

souris
мышь

classeur
папка

clavier
клавиатура

corbeille à papier
корзина для бумаг

chaise
стул

ordinateur
компьютер

tasse de café

кофейная кружка

calculatrice

калькулятор

internet

интернет

ordinateur portable

ноутбук

lettre

письмо

message

сообщение

portable

мобильный телефон

réseau

сеть

photocopieuse

ксерокс

logiciel

программа

téléphone

телефон

prise

розетка

fax

факс

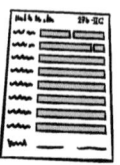

formulaire

формуляр

document

документ

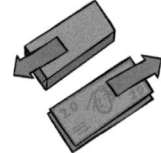

acheter

покупать

payer

платить

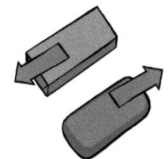

faire du commerce

торговать

monnaie

деньги

USD

dollar

доллар

EUR

euro

евро

JPY

yen

иена

RUB

rouble

рубль

CHF

franc suisse

франк

CNY

renminbi yuan

жэньминьби юань

INR

roupie

рупия

distributeur automatique

банкомат

bureau de change

пункт обмена валюты

or

золото

argent

серебро

pétrole

нефть

énergie

энергия

prix

цена

contrat

договор

taxe

налог

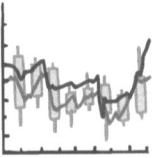

action

акция

travailler

работать

employé

служащий

employeur

работодатель

usine

фабрика

magasin

магазин

professions

профессии

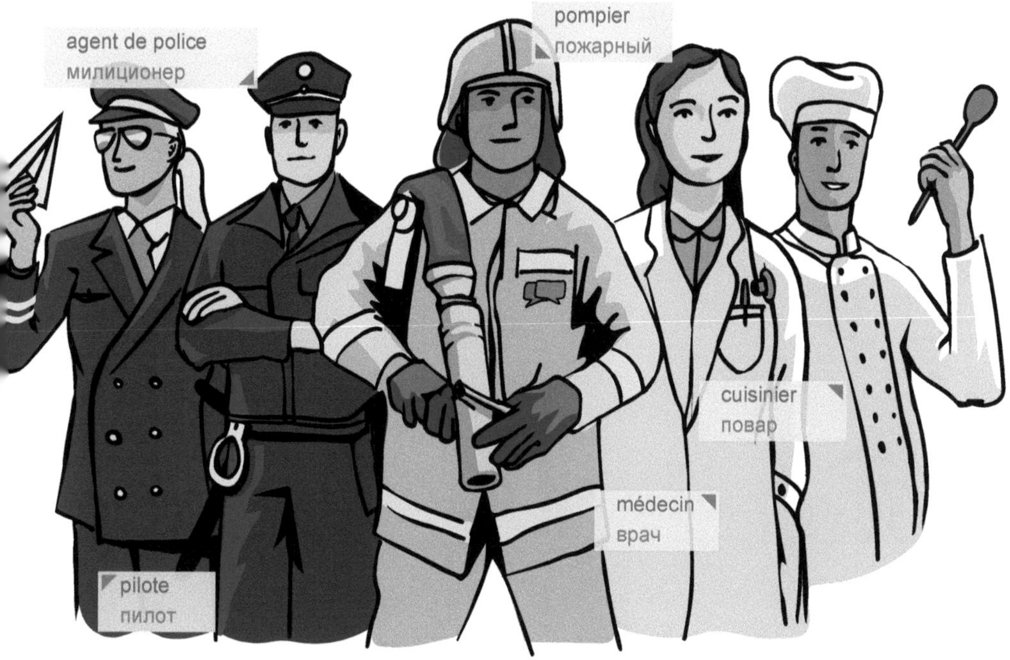

agent de police
милиционер
pompier
пожарный
cuisinier
повар
médecin
врач
pilote
пилот

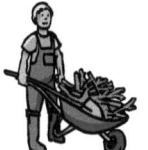

jardinier

садовник

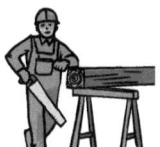

menuisier

столяр

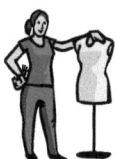

couturière

швея

juge

судья

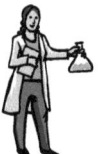

chimiste

химик

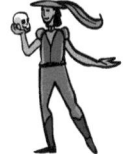

acteur

актёр

conducteur de bus

водитель автобуса

chauffeur de taxi

таксист

pêcheur

рыбак

femme de ménage

уборщица

couvreur

кровельщик

serveur

официант

chasseur

охотник

peintre

художник

boulanger

пекарь

électricien

электрик

ouvrier

строитель

ingénieur

инженер

boucher

мясник

plombier

сантехник

facteur

почтальон

soldat
солдат

architecte
архитектор

caissier
кассир

fleuriste
флорист

coiffeur
парикмахер

contrôleur
кондуктор

mécanicien
механик

capitaine
капитан

dentiste
зубной врач

scientifique
ученый

rabbin
раввин

imam
имам

moine
монах

prêtre
священник

outils

инструменты

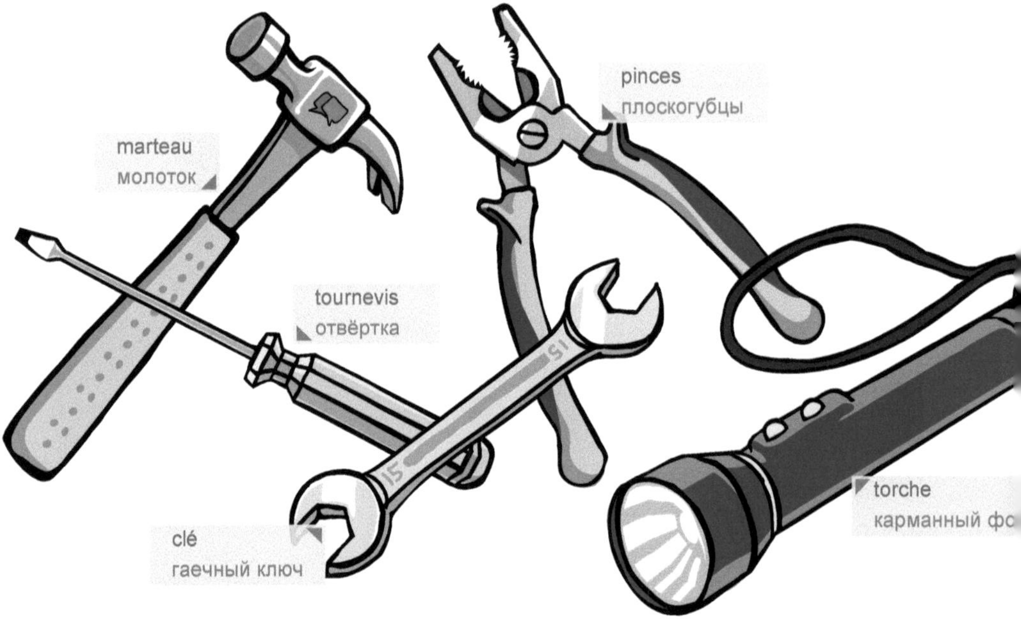

marteau
молоток
pinces
плоскогубцы
tournevis
отвёртка
clé
гаечный ключ
torche
карманный фо

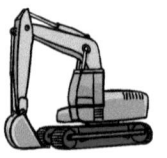

pelleteuse

экскаватор

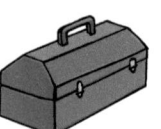

boîte à outils

ящик для инструментов

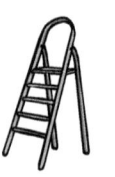

échelle

стремянка

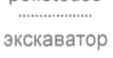

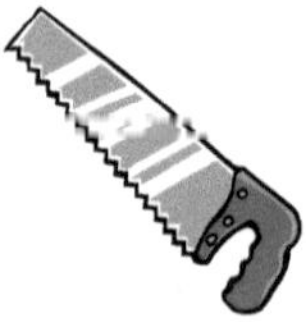

scie

пила

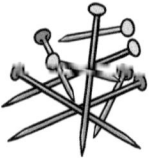

clous

гвозди

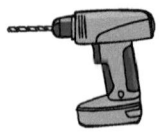

perceuse

дрель

réparer

ремонтировать

pelle

лопата

Mince !

Блин!

pelle

совок

pot de peinture

ведро с краской

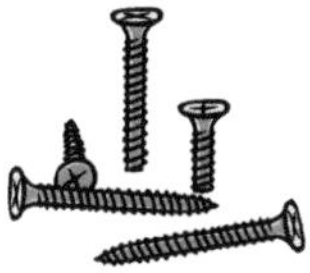

vis

винты

instruments de musique
музыкальные инструменты

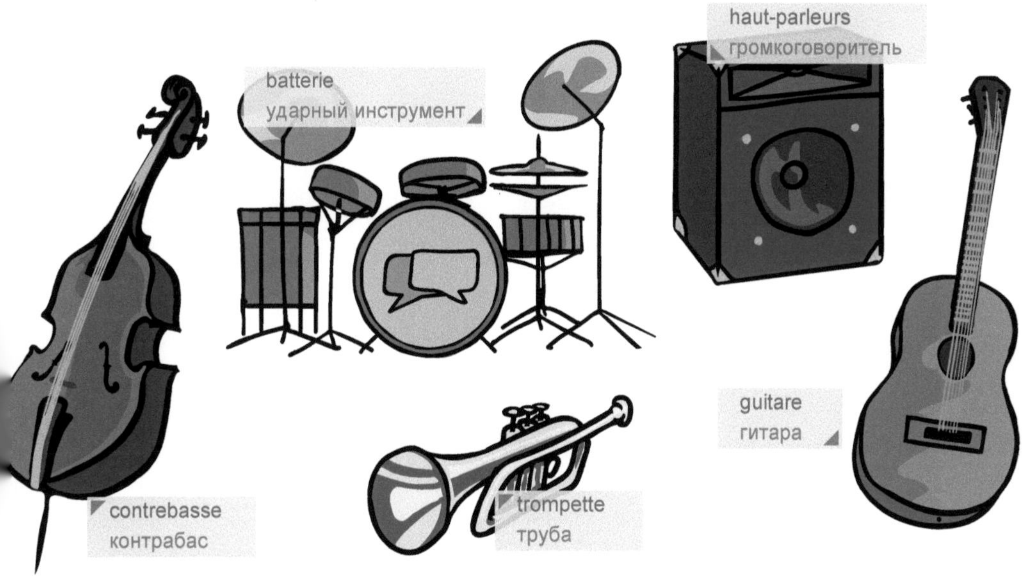

batterie
ударный инструмент

haut-parleurs
громкоговоритель

guitare
гитара

contrebasse
контрабас

trompette
труба

piano

пианино

violon

скрипка

basse

бас-гитара

timbales

литавры

tambour

барабан

piano électrique

синтезатор

saxophone

саксофон

flûte

флейта

microphone

микрофон

ZOO

зоопарк

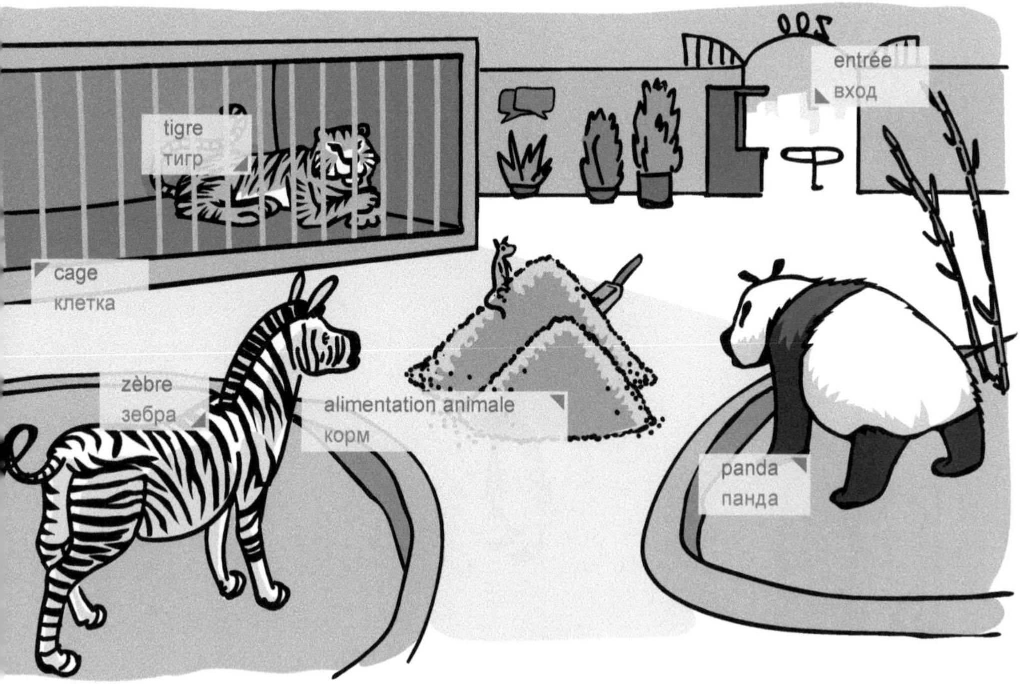

tigre
тигр
entrée
вход
cage
клетка
zèbre
зебра
alimentation animale
корм
panda
панда

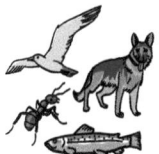

animaux

животные

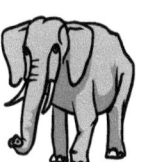

éléphant

слон

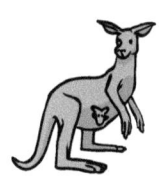

kangourou

кенгуру

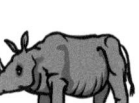

rhinocéros

носорог

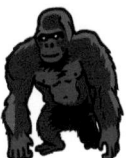

gorille

горилла

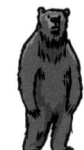

ours

медведь

chameau

верблюд

autruche

страус

lion

лев

singe

обезьяна

flamand rose

фламинго

perroquet

попугай

ours polaire

белый медведь

pingouin

пингвин

requin

акула

paon

павлин

serpent

змея

crocodile

крокодил

gardien de zoo

служитель зоопарка

phoque

тюлень

jaguar

ягуар

poney

пони

léopard

леопард

hippopotame

бегемот

girafe

жираф

aigle

орёл

sanglier

кабан

poisson

рыба

tortue

черепаха

morse

морж

renard

лиса

gazelle

газель

american Football
американский футбол

cyclisme
езда на велосипеде

tennis
теннис

basket-ball
баскетбол

natation
плавание

boxe
бокс

hockey sur glace
хоккей

football
футбол

badminton
бадминтон

athlétisme
лёгкая атлетика

handball
гандбол

ski
лыжный спорт

polo
поло

activités
действия

rire
смеяться
sauter
прыгать
embrasser
обнимать
marcher
идти
chanter
петь
rêver
мечтать
prier
молиться
faire la bise
целовать

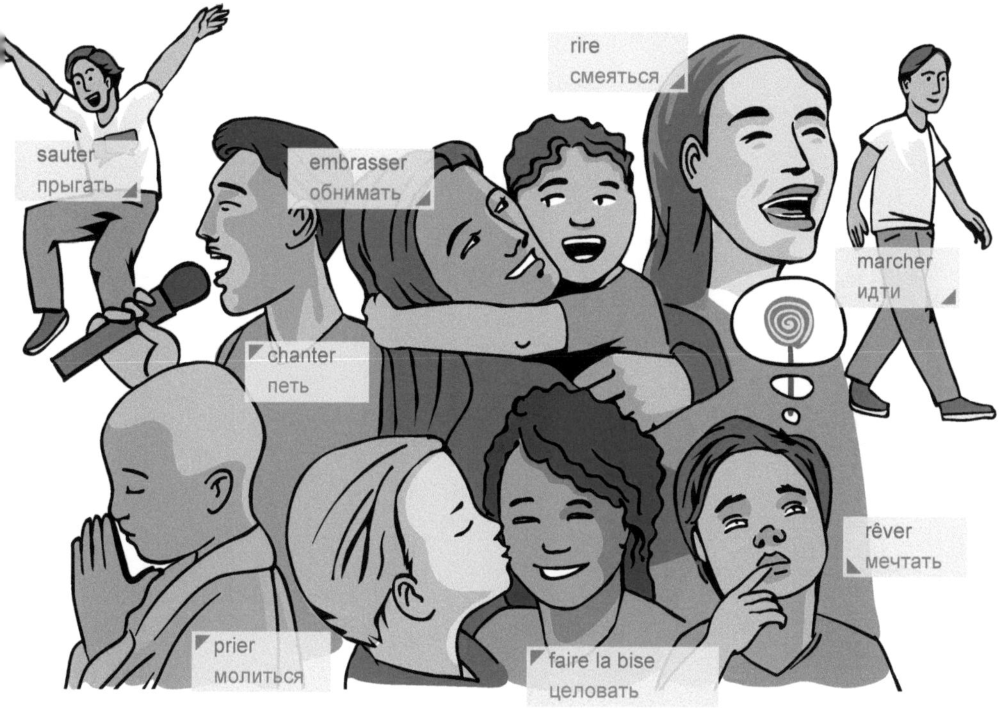

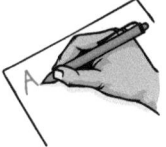

écrire
писать

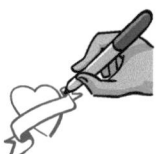

dessiner
рисовать

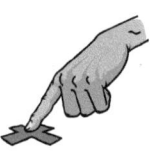

montrer
показывать

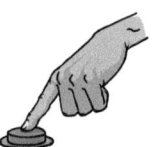

pousser
нажимать

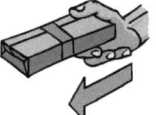

donner
давать

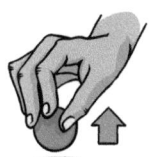

prendre
брать

avoir

иметь

faire

делать

être

быть

être debout

стоять

courir

бежать

trier

тянуть

jeter

бросать

tomber

падать

être couché

лежать

attendre

ждать

porter

носить

être assis

сидеть

s'habiller

надевать

dormir

спать

se réveiller

просыпаться

regarder

рассматривать

pleurer

плакать

caresser

гладить

peigner

причесывать

parler

говорить

comprendre

понимать

demander

спрашивать

écouter

слушать

boire

пить

manger

кушать

ranger

наводить порядок

aimer

любить

cuire

готовить

conduire

ехать

voler

летать

faire de la voile

ходить под парусом

calculer

считать

lire

читать

apprendre

учиться

travailler

работать

se marier

вступать в брак

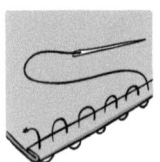

coudre

шить

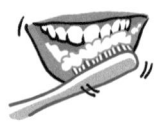

brosser les dents

чистить зубы

tuer

убивать

fumer

курить

envoyer

отправлять

activités - действия

grand-mère
бабушка

grand-père
дедушка

père
папа

mère
мама

bébé
младенец

fille
дочь

fils
сын

hôte

гость

tante

тетя

oncle

дядя

frère

брат

sœur

сестра

corps

тело

front
лоб
œil
глаз
visage
лицо
menton
подбородок
poitrine
грудь
doigt
палец
main
кисть
bras
рука
épaule
плечо
jambe
нога

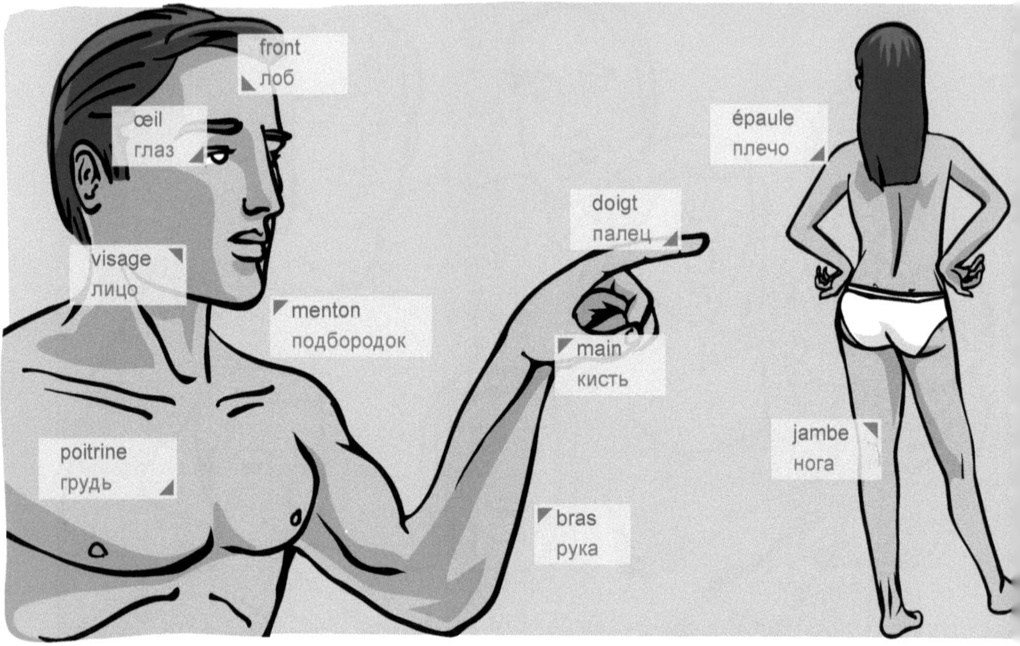

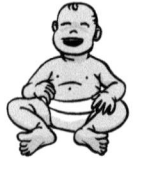

bébé

младенец

homme

мужчина

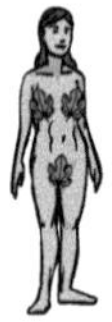

femme

женщина

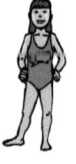

fille

девочка

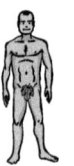

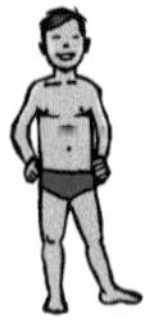

garçon

мальчик

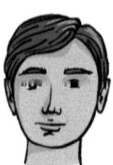

tête

голова

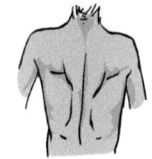

dos

спина

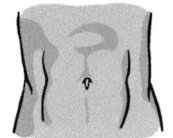

ventre

живот

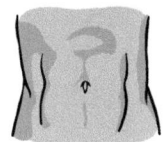

nombril

пупок

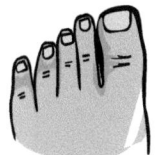

orteil

палец ноги

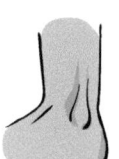

talon

пятка

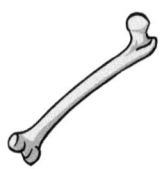

os

кость

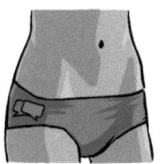

hanche

бедро

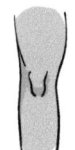

genou

колено

coude

локоть

nez

нос

fesses

ягодицы

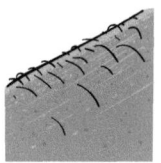

peau

кожа

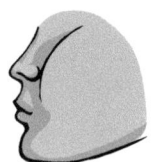

joue

щека

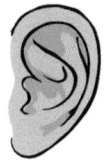

oreille

ухо

lèvre

губа

bouche

рот

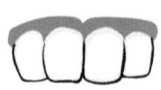

dent

зуб

langue

язык

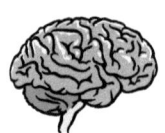

cerveau

мозг

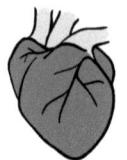

cœur

сердце

muscle

мышца

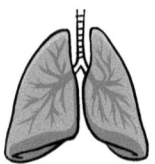

poumons

лёгкое

foie

печень

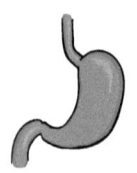

estomac

желудок

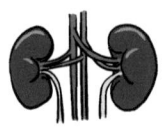

reins

почки

rapport sexuel

половой акт

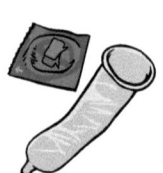

préservatif

презерватив

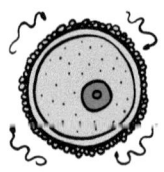

ovule

яйцеклетка

sperme

сперма

grossesse

беременность

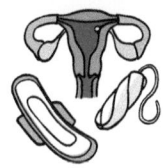

menstruation

менструация

vagin

вагина

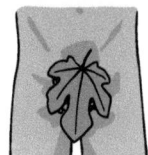

pénis

пенис

sourcil

бровь

cheveux

волосы

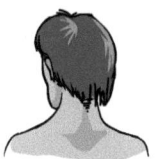

cou

шея

hôpital
больница

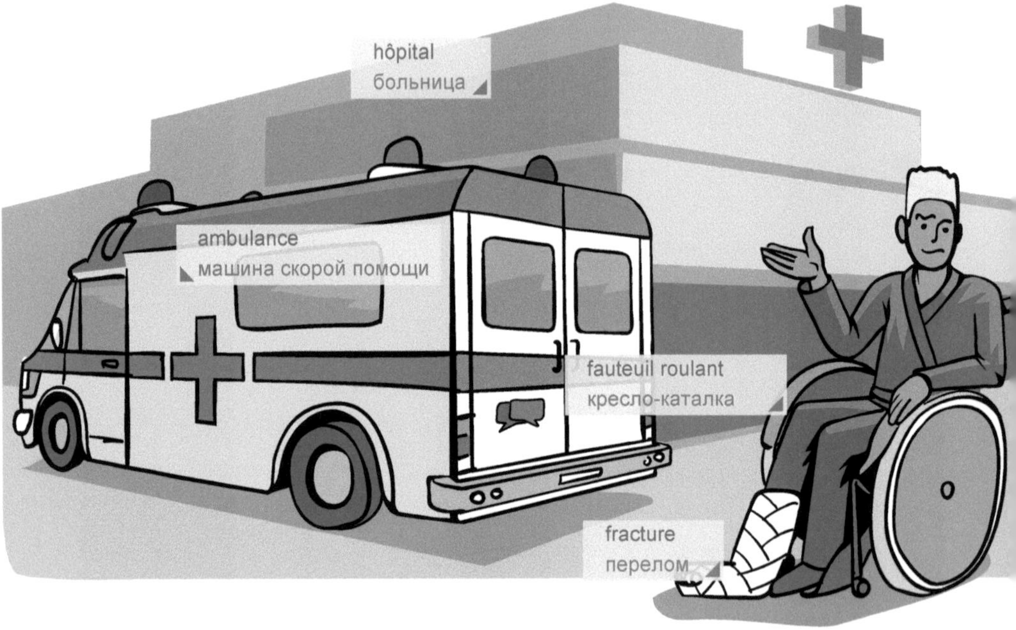

hôpital
больница
ambulance
машина скорой помощи
fauteuil roulant
кресло-каталка
fracture
перелом

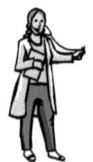

médecin

врач

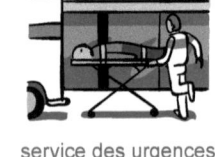

service des urgences

пункт первой помощи

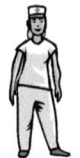

infirmière

медсестра

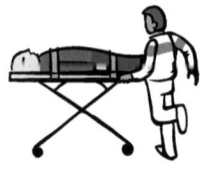

urgence

неотложный случай

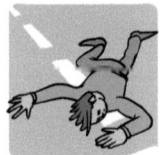

inconscient

без сознания

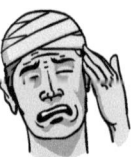

douleur

боль

blessure

повреждение

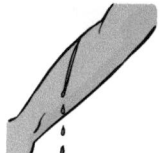

hémorragie

кровотечение

crise cardiaque

инфаркт

attaque cérébrale

инсульт

allergie

аллергия

toux

кашель

fièvre

эвышенная температура

grippe

грипп

diarrhée

понос

mal de tête

головная боль

cancer

рак

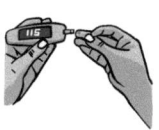

diabète

диабет

chirurgien

хирург

scalpel

скальпель

opération

операция

CT
....
КТ

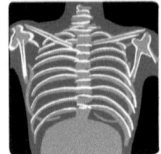

radiographie
....
рентген

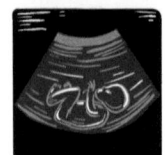

échographie
....
ультразвук

masque
....
маска

maladie
....
болезнь

salle d'attente
....
приёмная

béquille
....
костыль

pansement
....
пластырь

pansement
....
бинт

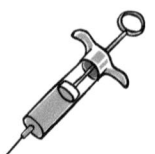

injection
....
укол

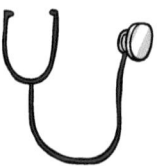

stéthoscope
....
стетоскоп

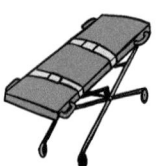

brancard
....
носилки

thermomètre
....
термометр

accouchement
....
рождение

surcharge pondérale
....
избыточный вес

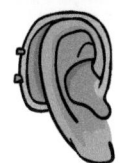

appareil auditif

слуховой аппарат

désinfectant

дезинфекционное
средство

infection

инфекция

virus

вирус

VIH / sida

ВИЧ / СПИД

médicament

лекарство

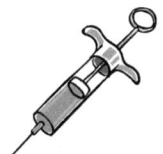

vaccination

прививка

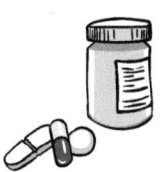

comprimés

таблетки

pilule

противозачаточная
таблетка

appel d'urgence

экстренный вызов

tensiomètre

прибор для измерения
кровяного давления

malade / sain

больной / здоровый

Au secours !

Помогите!

alarme

сигнал тревоги

assaut

нападение

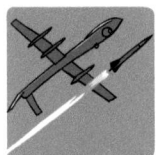

attaque

атака

danger

опасность

sortie de secours

запасной выход

Au feu!

Пожар!

extincteur

огнетушитель

accident

несчастный случай

trousse de premier secours

аптечка

SOS

SOS

police

милиция

Europe

Европа

Amérique du Nord

Северная Америка

Amérique du Sud

Южная Америка

Afrique

Африка

Asie

Азия

Australie

Австралия

Océan atlantique

Атлантический океан

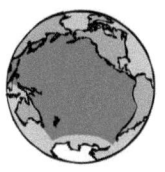

Océan pacifique

Тихий океан

Océan indien

Индийский океан

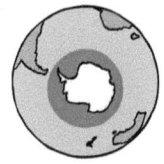

Océan antarctique

Антарктический океан

Océan arctique

Северный Ледовитый
океан

pôle nord

Северный полюс

pôle sud
....
Южный полюс

Antarctique
....
Антарктика

terre
....
земля

pays
....
суша

mer
....
море

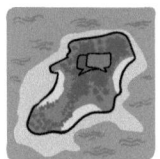

île
....
остров

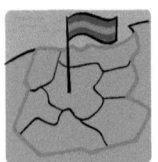

nation
....
нация

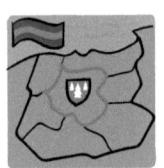

état
....
государство

cadran

циферблат

aiguille des heures

часовая стрелка

aiguille des minutes

минутная стрелка

aiguille des secondes

секундная стрелка

Quelle heure est-il ?

Который час?

jour

день

temps

время

maintenant

сейчас

montre digitale

электронные часы

minute

минута

heure

час

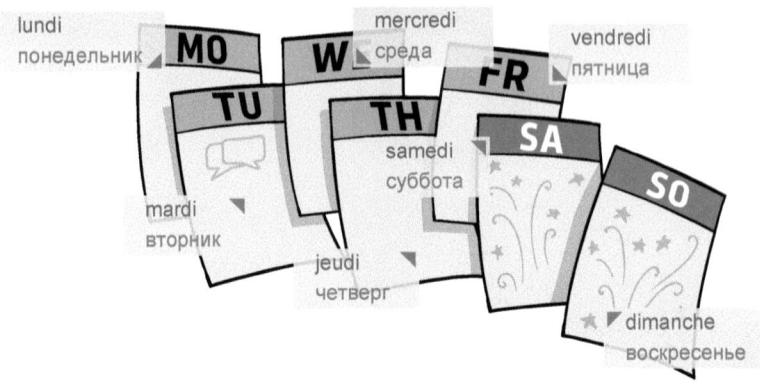

lundi
понедельник

mercredi
среда

vendredi
пятница

mardi
вторник

samedi
суббота

jeudi
четверг

dimanche
воскресенье

hier

вчера

aujourd'hui

сегодня

demain

завтра

matin

утро

midi

полдень

soir

вечер

jours ouvrables

рабочие дни

week-end

выходные

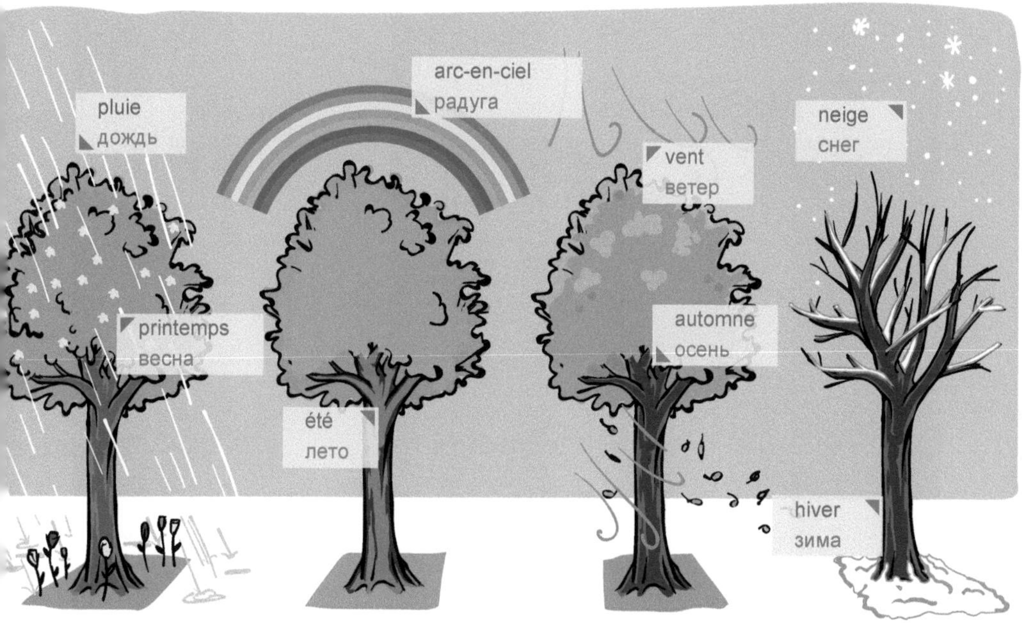
pluie
дождь
arc-en-ciel
радуга
neige
снег
vent
ветер
printemps
весна
automne
осень
été
лето
hiver
зима

4.APRIL 11°
5.APRIL 4°
6.APRIL 13°
7.APRIL 8°
8.APRIL 10°

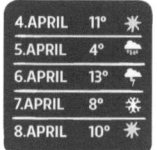

météo

прогноз погоды

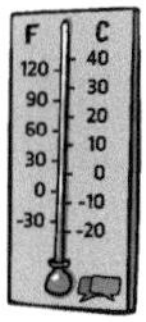

thermomètre

термометр

lumière du soleil

солнечный свет

nuage

туча

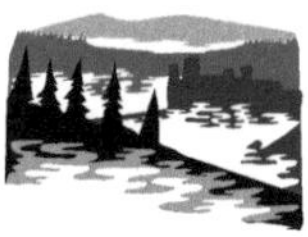

brouillard

туман

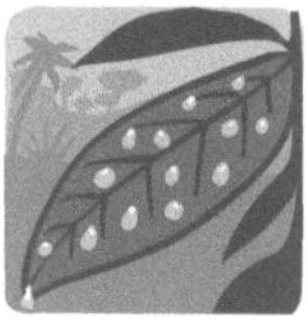

humidité

влажность воздуха

foudre

молния

tonnerre

гром

tempête

буря

grêle

град

mousson

муссон

inondation

наводнение

glace

лёд

janvier

январь

février

февраль

mars

март

avril

апрель

mai

май

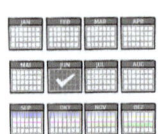

juin

июнь

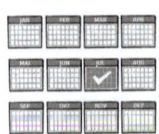

juillet

июль

août

август

année - год

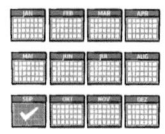

septembre

сентябрь

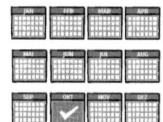

octobre

октябрь

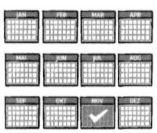

novembre

ноябрь

décembre

декабрь

formes

формы

cercle

круг

carré

квадрат

rectangle

прямоугольник

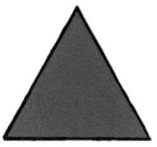

triangle

треугольник

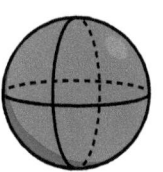

sphère

шар

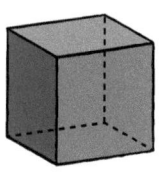

cube

куб

blanc

белый

jaune

желтый

orange

оранжевый

rose

розовый

rouge

красный

violet

лиловый

bleu

синий

vert

зелёный

marron

коричневый

gris

серый

noir

черный

beaucoup / peu

много / мало

fâché / calme

яростный / мирный

joli / laid

красивый / уродливый

début / fin

начало / конец

grand / petit

большой / маленький

clair / obscure

светлый / темный

frère / soeur

брат / сестра

propre / sale

чистый / грязный

complet / incomplet

полный / неполный

jour / nuit

день / ночь

mort / vivant

мёртвый / живой

large / étroit

широкий / узкий

comestible / incomestible

съедобный / несъедобный

méchant / gentil

злой / дружелюбный

excité / ennuyé

взволнованный / скучающий

gros / mince

толстый / худой

premier / dernier

сначала / в конце

ami / ennemi

друг / враг

plein / vide

полный / пустой

dur / souple

твёрдый / мягкий

lourd / léger

тяжёлый / легкий

faim / soif

голод / жажда

malade / sain

больной / здоровый

illégal / légal

незаконный / законный

intelligent / stupide

умный / глупый

gauche / droite

слева / справа

proche / loin

близко / далеко

nouveau / usé

новый / подержанный

rien / quelque chose

ничто / нечто

vieux / jeune

старый / молодой

marche / arrêt

включено / выключено

ouvert / fermé

открыто / закрыто

faible / fort

тихо / громко

riche / pauvre

богатый / бедный

correct / incorrect

правильный /
неправильный

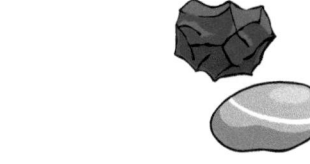

rugueux / lisse

шероховатый / гладкий

triste / heureux

ечальный / счастливый

court / long

короткий / длинный

lent / rapide

медленный / быстрый

mouillé / sec

мокрый / сухой

chaud / froid

тёплый / прохладный

guerre / paix

война / мир

0

zéro

ноль

1

un / une

один

2

deux

два

3

trois

три

4

quatre

четыре

5

cinq

пять

6

six

шесть

7

sept

семь

8

huit

восемь

9

neuf

девять

10

dix

десять

11

onze

одиннадцать

12
douze

двенадцать

13
treize

тринадцать

14
quatorze

четырнадцать

15
quinze

пятнадцать

16
seize

шестнадцать

17
dix-sept

семнадцать

18
dix-huit

восемнадцать

19
dix-neuf

девятнадцать

20
vingt

двадцать

100
cent

сто

1.000
mille

тысяча

1.000.000
million

миллион

nombres - цифры

anglais

английский

anglais américain

американский английский

chinois mandarin

мандаринский китайский

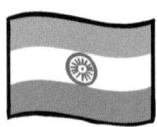

hindi

хинди

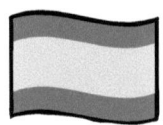

espagnol

испанский

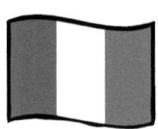

français

французский

arabe

арабский

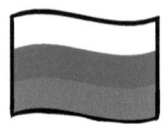

russe

русский

portugais

португальский

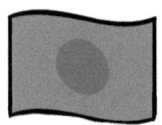

bengali

бенгальский

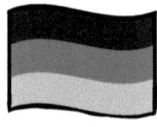

allemand

немецкий

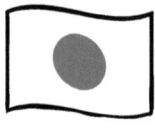

japonais

японский

je
....
я

tu
....
ты

il / elle / ce, c', cela
....
он / она / оно

nous
....
мы

vous
....
вы

ils / elles
....
они

Qui ?
....
кто?

Quoi ?
....
что?

Comment ?
....
как?

Où ?
....
где?

Quand ?
....
когда?

nom
....
имя

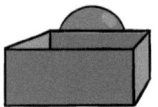

derrière

за

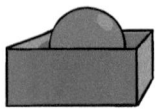

dans

в

devant

перед

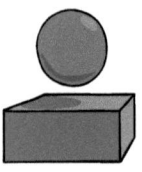

au-dessus

над

sur

на

en-dessous

под

à côté de

рядом

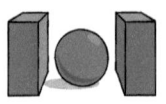

entre

между

lieu

место